PROCÈS DE JEANNE D'ARC

À POITIERS

MEMBRES DU PARLEMENT OU GENS D'ÉGLISE?

PAR

M. Octave RAGUENET DE SAINT-ALBIN

ARCHIVISTE PALÉOGRAPHE

> Poitiers reconnaît à son tour le signe divin qui
> marque les prophètes et les thaumaturges.
> (Mgr LECOT, cardinal-archevêque de Bordeaux.
> Panégyrique du 8 mai 1894.)

ORLÉANS

H. HERLUISON, LIBRAIRE-ÉDITEUR

17, RUE JEANNE-D'ARC, 17

1894

LES
JUGES DE JEANNE D'ARC
A POITIERS
MEMBRES DU PARLEMENT OU GENS D'ÉGLISE ?

PAR

M. Octave RAGUENET DE SAINT-ALBIN

ARCHIVISTE PALÉOGRAPHE

Poitiers reconnaît à son front le signe divin qui
marque les prophètes et les thaumaturges.
(Mᵍʳ LECOT, cardinal-archevêque de Bordeaux.
Panégyrique du 8 mai 1894.)

ORLÉANS

H. HERLUISON, LIBRAIRE-ÉDITEUR

17, RUE JEANNE-D'ARC, 17

—

1894

Extrait des Mémoires de l'*Académie de Sainte-Croix*.

LES JUGES DE JEANNE D'ARC

A POITIERS

MEMBRES DU PARLEMENT OU GENS D'ÉGLISE?

Poitiers reconnaît à son front le signe divin qui
marque les prophètes et les thaumaturges.
(Mgr LECOT, cardinal-archevêque de Bordeaux.
Panégyrique du 8 mai 1894.)

LA REPRÉSENTATION DU « NOUVEAU MYSTÈRE DU SIÈGE D'ORLÉANS » LE 6 MAI 1894, A LA SALLE DE LA RUE ARAGO

Malgré l'intervalle d'un mois révolu qui nous en
sépare déjà (1), nous ne saurions oublier cette fête de
l'esprit qui réunissait, le 6 mai dernier, dans la salle
de la rue Arago, l'élite de notre société orléanaise.
C'était un vrai régal littéraire, ou plutôt un doux épa-
nouissement de poésie dans nos âmes, que nous réser-
vait l'audition de ce drame naguère inédit (2), livré si
généreusement par M. Eude à notre piété envers
Jeanne d'Arc. D'ailleurs cette soirée a pleinement jus-

(1) Cette communication était faite à l'Académie de Sainte-
Croix le 6 juin 1894.

(2) *Le nouveau mystère du siège d'Orléans*, drame en vers de
M. Emile Eude, architecte du monument de Vaucouleurs ;
représenté pour la première fois, en la ville d'Orléans, aux fêtes
du 8 mai 1894. Orléans, 1894.

tifié par son retentissant succès les espérances que l'un de nos collègues nous avait fait concevoir ici même, dans la séance du 2 mai.

Le poète qui avait été à la peine sur les 20.529 vers de son prolixe prédéceseur du XV⁰ siècle (1), allait, dans cette révélation de son labeur personnel, se trouver à l'honneur. Une œuvre si heureusement condensée, si consciencieusement complétée, si délicieusement fouillée dans ses moindres détails en était le sûr garant.

Quant aux juvéniles artistes, ils se sont surpassés, et ceux-là surtout qui avaient affronté les rôles les plus parfumés de poésie, ou les plus riches de nobles et délicats sentiments (2). Que dire du majestueux encadrement qui formait le décor, et comment louer ces précieux accessoires de l'action scénique que l'on appelle les costumes du temps ? De ce côté-là, tout avait été combiné pour le mieux, soit en évoquant des données d'archéologie orléanaise, soit en recourant aux enseignements généraux de l'histoire.

En effet le spectateur ne devait-il pas, avec amour, plonger ses regards au cœur même d'une sorte de mirage tout médiéval, à travers des horizons fidèlement rétrospectifs, alors que son esprit se sentait bercé par mille rêveuses résurrections reproduisant les colloques

(1) *Le mistère du siège d'Orléans*, publié par MM. Guessard et de Certain. Collection des documents inédits, 1862.

(2) En interprétant un mystère de style moyen âge, les élèves du Petit Séminaire de La Chapelle Saint-Mesmin faisaient songer à leurs aînés qui, sous le souffle inspirateur de Mᵍʳ Dupanloup, avaient tiré un si brillant parti des grandes tragédies de la Grèce.

de Jeanne la bonne Pucelle? Et puis, hâtons-nous de le dire ! M. Eude aime la *couleur*, il a avoué lui-même sa *faiblesse envers la couleur* (1). Là-dessus, les organisateurs de la partie matérielle, dans cette interprétation du *Nouveau mystère du Siège*, se sont vaillamment efforcés de donner à l'auteur la plus entière satisfaction.

Eh bien ! avouons-le néanmoins, ces Messieurs ne pouvaient communiquer à leur mise en scène plus de couleur locale que le texte de l'œuvre elle-même n'en comporte. Et c'est précisément sur une simple question de *couleur*, sur un détail de teinture d'étoffe, sur une affaire de rouge ou de noir enfin, qu'un doute est venu hanter l'esprit de certains spectateurs timorés. N'est-il point licite de regretter dans la silhouette d'un beau monument l'effet disparate résultant d'un simple motif de sculpture, quand par ailleurs on cède sans réserves à l'enthousiasme pour tout ce qui relève des grandes lignes architectoniques?

Or ce sont des admirateurs de cette catégorie-là qui ont avoué que la salle Arago, ou plutôt le *Nouveau mystère* lui-même, leur avait fait miroiter un instant, mais un instant seulement, un peu trop d'écarlate devant les yeux. Où donc trouver cette trame empourprée, légèrement répréhensible au point de vue de la vérité historique?

(1) Eude. *Le nouveau mystère*, préface, p. XI, note.

I

LE PARLEMENT DE POITIERS ET SES PRÉSIDENTS EN 1429

La scène de Jeanne d'Arc à Poitiers. — Le palais des comtes du
Poitou. — Le Parlement et l'Université. — Le président Jean
Jouvenel ; ses attaches avec l'Université d'Orléans et avec la maison
ducale d'Orléans. — Le premier président, Jean de Wailly.

Comme rapporteur du scrupule qui vient d'être
énoncé, il nous faut ouvrir le livre du *Nouveau mystère*,
à l'acte II°. Le douzième décor nous transporte à Poitiers dans la salle du Parlement, cette merveille de
pierres dentelées, compliquée d'une voûte de bois aux
lambris gigantesques, sous laquelle paradaient en si
grande pompe les anciens comtes du Poitou. C'est là
que l'héroïne aurait subi le choc des interrogatoires,
avant d'affronter les dangers des combats. *Velut in
pugnam, in examen adducitur* (1). La tradition populaire
le veut ainsi (2). Aux grandes scènes de l'existence
nationale, il lui convient toujours d'accorder de solen-
nels théâtres. L'histoire est plus sobre de perspectives
majestueuses ; elle se contente d'évoquer le souvenir
de l'hôtel de maître Jean Rabateau, avocat général au
Parlement (3).

(1) Alain Chartier. (Cf. Quicherat, V, 133.)

(2) Wallon. *Jeanne d'Arc*, 2e édition illustrée, p. 57. — Eude,
p. 89. — Dans son étude sur *Jeanne d'Arc à Poitiers* (1891),
M. Bélisaire-Ledain, loin d'admettre cette tradition, n'y fait même
pas allusion.

(3) Déposition de frère Séguin Seguini au procès de réhabilitation. (Quicherat, III, 202, *Chronique de la Pucelle*, Ibid., IV, 209.)

Quoi qu'il en soit de ce détail, Poitiers était pour lors devenu le point de ralliement de tout ce que la France fidèle de 1429 comptait encore de patriotisme et de vertu. Là se tenaient les exilés du Palais de la cité en compagnie des expulsés de la montagne Sainte-Geneviève, les débris du grand Parlement de Paris et les trop rares représentants de la première université de France. C'était bien dans ce centre intelligent et libre que devaient être examinées la Pucelle et la véracité de ses dires.

Jeanne s'y présente en effet dans le développement des tableaux du *Nouveau mystère*. Elle comparaît devant un président, des conseillers, des docteurs, des juges, des avocats (1). Sauf l'or et l'hermine qui en tempèrent l'éclat, voilà bien la chambre rouge. Robe écarlate à chaperon fourré, c'est l'uniforme de MM. les conseillers, procureurs et avocats du Roi. A cette robe ajoutez un manteau de même couleur, le manteau dit *fendu à un côté*, garni de trois galons d'or (*lambeaux)* et de trois bandelettes de fourrure blanche (*amigaux*), cousus en échelons sur chaque épaule ; vous aurez alors le costume du premier président. Le chapeau rond de velours noir d'un aussi haut dignitaire devra encore être couronné d'un ruban d'or (2).

Faut-il se plaindre de tout ce luxueux étalage ? Orléanais ! mais nous serions bien tentés au contraire de nous en applaudir, si nous cédions à un premier mouvement d'enthousiasme. Ce président, en effet, qui est-il ? Si

(1) Eude, p. 89.
(2) Quicherat, *Histoire du costume*, 1re édition, 323-324.

M. Eude ne le nomme pas, le R. P. Ayrolles serait plus
explicite : « On doit très vraisemblablement, dit le
savant jésuite, mettre au nombre des examinateurs de
Poitiers le président du Parlement, Jean Juvénal des
Ursins (1). ».

Or ce Jean Juvénal des Ursins que la critique
moderne appelle plus exactement Jean Jouvenel (2),
c'était un ancien lauréat de notre chère université
d'Orléans. Trop connu pour que nous en retracions
même sommairement la biographie, ce noble personnage avait siégé sur les bancs de la grande École de
droit des bords de la Loire, avant de briller soit au
Châtelet de Paris ou à la Prévôté des marchands, soit
dans les conseils du Parlement ou dans la Chancellerie
du duc de Guyenne, soit enfin à la première magistrature de la Cour des Aides ou à la présidence des parle-
ments de Toulouse et de Poitiers. Chez nous il avait
conquis son grade de licencié en droit civil (3), au
temps du sage roi Charles V, c'est-à-dire à l'une des
époques les plus prospères de l'enseignement des maîtres
orléanais (4). Depuis lors, il s'était attaché à la fortune
de Louis d'Orléans et avait travaillé à faire valoir les

(1) R. P. Ayrolles, *La Pucelle devant l'Église de son
temps*, 12.

(2) Louis Batiffol, *Le nom de la famille Juvénal des Ursins.*
Bibliothèque de l'École des chartes, L, 537-558.

(3) Denys Godefroy, *Histoire de Charles VI*, par Jean Juvénal
des Ursins, édition in-folio, 1653, p. 564.

(4) Léopold Delisle, *Les professeurs de droit à Orléans
sous Charles V.* (Bibliothèque de l'École des chartes, XXXIII,
319-324.)

justes revendications de Valentine de Milan, la noble veuve de ce prince (1).

Orléans était un nom qui ne pouvait évoquer en l'âme de Jean Jouvenel que d'attachants souvenirs de la jeunesse et de l'âge mûr. La fortune ne réservait-elle pas à sa verte vieillesse un honneur insigne, celui de contribuer directement à la délivrance de l'héroïque cité, en proclamant, par une décision solennelle, le suprême espoir de la France dans la mission réparatrice de Jeanne d'Arc ?

Par malheur, nous nous heurtons ici à une grosse difficulté, ou, pour parler sans ambages, à une impossibilité. Le titre de président du Parlement n'appartenait point alors, d'une façon exclusive, à Jean Jouvenel, comme on pourrait le croire en lisant superficiellement le passage du R. P. Ayrolles. En somme, l'ancien suppôt de l'Université d'Orléans n'avait à revendiquer que le second siège hiérarchique. Quant au premier président, il s'appelait Jean de Wailly. A celui-ci reviendrait donc, à l'exclusion de tout autre, la part la plus honorable dans cet interrogatoire décrit par M. Eude (2).

(1) *Chronique du religieux de Saint-Denys*, IV, 90.

(2) Il est curieux de retrouver la Pucelle festoyée à Orléans, le 19 janvier 1430, avec ses anciens amis de Poitiers, Mre *Jehan de Velly* et Mre *Jehan Rabateau*. (Cédules originales d'Orléans. — Cf. Quicherat, V, 270). — L'identification de *Jehan de Velly* en *Jean de Wailly* n'a pas été faite par Quicherat, mais elle ne nous paraît pas douteuse, vu l'existence au XVe siècle d'une famille orléanaise dont le nom offre des variantes *Wailly, Veilly, Velly*, et qui posséda le fief dit *Motte-Veilly*, sis à Saint-Cyr-en-Val.

II

PRÉSIDENTS ET CONSEILLERS MIS EN RAPPORTS AVEC JEANNE D'ARC

Visite des présidents et conseillers à Jeanne d'Arc, d'après la *Chronique de la Pucelle*. — Le second président d'après le *Mistère du siège*. — Jean Jouvenel, examinateur libre et non juge attitré.

A tout prendre, Jean de Wailly et Jean Jouvenel eurent, simultanément et sans le moindre doute, de fort beaux rôles dans la circonstance. La célèbre *chronique* dite *de la Pucelle* nous rapporte, en effet, que le second jour de l'interrogatoire, les présidents et conseillers du Parlement se firent spécialement remarquer, car « avant qu'ils y allassent, ce que Jehanne disoit leur sembloit impossible à faire, disans que ce n'estoit que resveries et fantaisies ; mais il n'y eut celui, quand il en retournoit et l'avoit oye, qui ne dist que c'estoit une créature de Dieu ; et les aucuns en retournant, pleuroient à chaudes larmes (1). »

Ainsi se trouvent expressément désignés les deux plus hauts magistrats du royaume. Jean de Wailly et Jean Jouvenel, à la tête de leur illustre compagnie, étaient venus questionner la pauvre bergerette, avec l'incrédulité dans le cœur et le sourire sur les lèvres. Or, voilà qu'en se retirant, ils rapportaient d'une telle entrevue la plus douce émotion qui pût alors agiter une âme française.

Parallèlement à ce témoignage historique, les vieux

(1) Quicherat, IV, 211.

versificateurs du XVᵉ siècle ont rappelé, dans une scène de leur *Mistère du siège*, cette volte-face des sentiments intimes de Messieurs du Parlement. Là nous ne trouvons pas moins de quatre présidents qui prennent tour à tour la parole. Celui qui occupe le second rang, et que par suite il serait permis d'identifier avec Jouvenel, expose ses objections dans le récitatif suivant :

> Jehanne vous avez dit très bien
> Que la chose ainsi advensist,
> Et croy que ce seroit grant bien
> Pour le royaulme et pour le pays ;
> Fille, certain pas je n'en suis,
> Et est comme chose impossible
> De voz parolles et de vos dis
> De ce faire à vous n'est facile (1).

Mais Jeanne a répondu victorieusement. Et le second président de conclure pour son compte personnel :

> Je suis de ce consentement
> Que soit ramenée vers le Roy,
> Et luy dire tout plainement
> Que c'est euvre Dieu, je le croy,
> Et qu'elle soi mise en arroy
> Tout ainsi comme elle désire ;
> Que en elle rien je ne voy
> C'un deust nullement contredire (2).

S'adressant au messager royal, le même personnage ajoutera :

> Vous direz au Roy, s'i luy plaist,
> Que nous avons parlé à elle
> Et que très bonne fille est
> Prudente et savante pucelle.

(1) *Le mistère du siège*, vers 10263-10270.
(2) *Le mystère du siège*, vers 10359-10366.

Et se doit fyer en icelle
Pour acomplir son entreprise,
En sa bonne et juste querelle
En laquelle est du tout soubzmise (1).

En définitive, la poésie se joint donc à l'histoire afin de ne nous laisser aucun doute à cet égard. Présidents et conseillers du Parlement exercèrent, par leurs visites spontanées, une influence assez appréciable dans le jugement qui fut prononcé sur le fait de la Pucelle, et ils contribuèrent moralement, par leur haute situation, à appuyer Jeanne dans l'accomplissement de sa mission.

Mais il ne faut pas en affirmer davantage. Au point de vue historique, il n'y a rien de mieux à mettre à l'honorable actif de ces éminents magistrats. Des conversations particulières, des entretiens absolument étrangers à l'enquête régulière, ne permettent pas de les ranger au nombre des juges de Jeanne d'Arc. Le R. P. Ayrolles peut gratifier Jouvenel du qualificatif *examinateur*. Examinateur libre, soit ! Mais juge attitré par mandat royal, non ! Le R. P. Ayrolles ne l'a certai-

______

(1) *Le mystère du siège*, vers 10391-10398. Cette dernière tirade, adressée à un messager royal qui doit reconduire Jeanne à Chinon, est un contre-sens historique. Charles VII n'attendait point à Chinon la décision des juges de Poitiers. Trop impatient de la connaître, il avait accompagné Jeanne dans son voyage. Un document orléanais, certainement moins ancien que le *Mistère du siège*, le rappelle fort bien ; c'est la *Chronique de la Pucelle* (Quicherat, IV, 209). D'ailleurs, les dépositions de Gobert Thibaut et de Jean d'Aulon (Quicherat, III, 73, 209), ainsi que le texte du greffier de la Rochelle (p. 21), en témoignent aussi. Monstrelet, Jean de Wavrin (Quicherat, V, 363, 407) rapportent également ce voyage du roi.

nement point entendu dans ce dernier sens. Il ne faut
pas davantage prendre au pied de la lettre un passage
dans lequel ce même auteur dit que « les plus hauts
dignitaires de l'ordre ecclésiastique, civil et politique,
se réunirent à Poitiers pour délivrer à la céleste envoyée ses lettres de mission (1). »

Ainsi que l'avoue M. Didier Neuville, son historien,
le Parlement de Poitiers n'eut, par lui-même, aucun
rapport avec Jeanne d'Arc (2). De simples auditeurs
figurèrent, il est vrai, à côté des théologiens. C'étaient
des *conseillers du Roi, licentiés en l'un et l'autre droit,
gens expers, personnes notables et de grant estat* (3), tous
représentants enfin des hautes sphères du pouvoir. Qui
donc aurait pu résister, en ce temps-là, au mouvement
violent, qui toujours entraînera les esprits supérieurs à
approfondir les manifestations d'ordre surhumain ?

(1) R. P. Ayrolles, *La Pucelle devant l'Église de son
temps*, 12.
(2) D. Neuville, *Le Parlement royal à Poitiers*, dans la *Revue
historique*, VI, 286.
(3) Quicherat, III, 19, 209 ; IV, 128.

III

LA COMMISSION ECCLÉSIASTIQUE DE POITIERS

Composition essentiellement religieuse du tribunal extraordinaire de Poitiers. Preuves tirées : 1º des noms des juges qui nous sont connus ; 2º du caractère théologique de la sentence prononcée par ces juges ; 3º de la déclaration des acteurs et des témoins dans les deux procès de Rouen ; 4º des chroniqueurs du XVº siècle appartenant à tous les partis et à toutes les nations ; 5º de quelques fragments des poésies du même temps.

Donc ni présidents, ni conseillers du Parlement n'interrogèrent officiellement la Pucelle, Charles VII ne leur en ayant pas donné mission. On sait, au contraire, que le tribunal extraordinaire, qui avait à émettre son avis motivé, se composait d'éléments exclusivement religieux.

En fait, dans le personnage qui dirige les débats de Poitiers, nous ne devons voir qu'un archevêque de Reims, Régnault de Chartres, chancelier de France. Comme couleur, ce serait donc cette teinte bleu clair si appréciée des prélats du moyen âge (1), et non plus l'écarlate qu'il nous faudrait présenter dans une interprétation fidèlement historique de cette scène ; car la

---

(1) Dans son *Histoire du costume en France*, Quicherat dit que, sous Henri III, les évêques n'étaient point encore astreints à se mettre en violet. M. Wallon a reproduit dans sa *Jeanne d'Arc illustrée*, 2ᵉ édition, 524, une miniature de l'*Arbre des Batailles*, ms de 1450 qui représente les trois ordres de la nation. Au rang du clergé, on retrouve en effet plusieurs évêques revêtus d'étoffes bleues.

pourpre romaine elle-même ne fut donnée à Régnault de Chartres qu'en 1439 (1). Sous la robe rouge des assesseurs les plus doctes, nous devrions retrouver d'autres costumes du clergé séculier, concurremment avec les coules blanches et les bures sombres de divers ordres religieux.

Pierre de Versailles, professeur de théologie et abbé de Talmont, est moine de Saint-Denis. Pierre Turelure, inquisiteur-général de Toulouse, et Guillaume Aimeri, autre titulaire d'une chaire de théologie, sont enfants de saint Dominique. Séguin Séguini semble appartenir à la même famille religieuse. Jean Lombart ou Lambert a professé les sciences sacrées à Paris ; Jean Erault les enseigne à Poitiers. Guillaume Lemaire ou Lemarié est chanoine dans cette dernière ville. Mathieu Mesnaige, Jourdain Morin, Jacques Maledon, Pierre Séguin complètent le groupe des noms qui nous sont restés (2).

Au milieu de tous ces personnages d'Eglise, nulle trace bien notable d'intervention séculière ! Sans doute en gardant la Pucelle près de lui, l'espace de six semaines, Charles VII l'a voulu « desmontrer à toutes gens... soyent clers, gens de devocion, gens d'armes, femmes, veufves et autres (3). » Avec elle chacun a pu converser « et publiquement et secrettement. » Mais la décision « que le Roy a demandé touchant le fait de la Pucelle envoyée de Dieu », est renfermée tout entière

(1) Comte de Mas-Latrie, *Trésor de chronologie*, col. 1206.

(2) R. P. Ayrolles, *La Pucelle devant l'Eglise*, p. 5 à 12.

(3) Résumé des conclusions données par les docteurs réunis à Poitiers. Quicherat, III, 392.

dans « l'oppinion des docteurs (1) » ; opinion de forme nettement théologique, comme le prouve le résumé qui nous en a été conservé.

L'intéressée elle-même le déclare devant ses juges de Rouen : c'est le clergé qui a fait l'enquête de Poitiers (2). Et au cimetière de Saint-Ouen, le prédicateur Erard ne manquera pas d'affirmer que le clergé de l'obéissance de Charles *qui se dit roi* a été abusé par cette femme qu'il a *examinée et non reprise* (3). La sentence de réhabilitation invoque également la décision prise à Poitiers par de nombreux prélats, docteurs et hommes de savoir. Pour s'expliquer, les témoins du second procès n'emploient pas d'autres termes que ceux-ci : clercs, prélats et docteurs en théologie. C'est ainsi que Dunois, Jean d'Aulon, Raoul de Gaucourt, Guillaume de Ricarville, Gobert Thibaut, frère Séguin Séguini, désignent les membres de la fameuse commission (4). Frère Jean Pasquerel et Simon Charles parlent d'une façon un peu plus explicite en disant que c'était des clercs de l'Université (5). Le duc d'Alençon et Jean Barbin déclarent formellement que les clercs de Poitiers examinèrent Jeanne, puis conclurent par l'affirmation de sa parfaite orthodoxie catholique (6). Est-

---

(1) Résumé des conclusions données par les docteurs réunis à Poitiers. (Quicherat, III, 391, 392.)

(2) Quicherat, Procès de condamnation, I, 75.

(3) Quicherat, Procès de réhabilitation, II, 17.

(4) Quicherat, Procès de réhabilitation. Dépositions des témoins, III, 4, 209, 17, 22, 74, 202.

(5) *Ibid.*, III, 102, 116.

(6) *Ibid.*, III, 82, 92.

il besoin de faire remarquer qu'une cour mi-partie ecclésiastique, mi-partie laïque, c'est-à-dire manquant d'homogénéité, eût été incompétente pour rendre pareil jugement en matière de foi ?

Après avoir entendu les témoins, qu'on prête l'oreille au concert des chroniqueurs du XVe siècle. Ceux-ci seront unanimes, depuis le camp français où écrit Perceval de Cagny, jusque sous les tentes de Bourgogne, qui abritent les pages sorties de la plume de Monstrelet (1). Au temps même des triomphes de l'héroïne, le parloir aux bourgeois de la Rochelle voyait un modeste greffier écrire sur son livre officiel : « Auquel lieu de Poitiers le Roy la fit encores interroger par *clercs grans et excellans ;* mais ils la trouvoyent si ferme et si bien respondant de tout ce que l'on luy demandoit, que ceux qui parloyent à elle estoyent tout esmerveillés et disoient qu'ils tenoient que son fait venoit et procédoit de Dieu (2). »

Pour venir un peu plus tard, Mathieu Thomassin, auteur du *Registre delphinal*, n'abondera pas moins dans le même sens (3). Enfin, par delà nos frontières, l'écho étranger se fera lui-même entendre ; car Eberhard de Windecken, au cours de son histoire de l'empereur Sigismond, ne verra dans les juges de Poitiers que *des clercs ou des maîtres de la Sainte Ecriture* (4).

(1) Quicherat, Chroniqueurs, IV, 3, 362.
(2) *Relation inédite sur Jeanne d'Arc,* extraite du *Livre noir* de l'Hôtel de Ville de la Rochelle, p. 21.
(3) Quicherat, IV, 305.
(4) *Ibid.,* IV, 487.

Du vivant de la Pucelle, la poésie, par les soins de Christine de Pisan, avait également dit son mot dans cette stance pleine d'harmonies :

> Son fait n'est pas illusion
> Car bien a esté esprouvée
> Par conseil, en conclusion :
> A l'effect la chose est prouvée ;
> Et bien esté examinée.
> Et ains que l'en l'ait voulu croire,
> *Devant clers et sages menée,*
> Pour ensercher se chose voire
> Disoit. . . . .   (1)

Plus tard, vers 1484, Martial d'Auvergne appuie encore cet ensemble des preuves secondaires en burinant l'un des quatrains des *Vigiles de Charles VII :*

> Le feu roy sans soy esmouvoir
> *Clercs et docteurs* si fist eslire,
> Pour l'interroguer et savoir
> Qui la mouvoit de cela dire (2).

Valeran Varanius, autre poète du XV° siècle, parlera à son tour de l'examen subi par Jeanne devant l'Université de Poitiers (3). On n'en finirait pas, si l'on voulait rapporter tous les textes de cette catégorie.

(1) Quicherat, V, 12.
(2) *Ibid.*, V, 52.
(3) *Ibid.*, V, 87.

IV

LES PERSONNAGES SACRÉS SUR LE THÉÂTRE

Le parlement juge de Jeanne d'Arc dans le *Nouveau mystère du siège*. — Les costumes du monde religieux sur le théâtre. — Les personnages sacrés dans l'ancien *Mystère du siège*. — Leur omission presque complète ou leur discret effacement dans le *Nouveau mystère*.

Il va sans dire que l'auteur du *Nouveau mystère du siège d'Orléans*, qui possède si profondément son sujet, n'ignore rien de cette composition exclusivement religieuse du tribunal de Poitiers. Comment se fait-il donc qu'il représente la magistrature royale instruisant une affaire aussi étrangère à sa juridiction? Les justes libertés que l'art théâtral peut revendiquer aux dépens de l'histoire, nous autorisent-elles à écouter sans surprise cette déclaration d'ouverture de la séance?

> Messeigneurs, le roi notre maître
> Fait dire à nous, *son Parlement*,
> Qu'ayons sans retard à connaître
> De cette fille exactement ;
> Pour le conseiller loyaument
> Sur les faits et dires d'icelle.
> Quelqu'un se récuse-t-il ?
> Non ! (1)

En vérité ce dernier monosyllabe retentit, dans toutes les bouches qui le prononcent, comme la proclamation d'un éclatant abus de pouvoir. Mais cherchons-en la raison d'être dans des préoccupations d'un ordre très moderne.

La substitution d'une cour séculière à un tribunal ecclésiastique s'autoriserait-elle d'un scrupule infiniment respectable : le désir de ne pas produire sur la scène le costume du prince de l'Église et le froc du religieux ? La pensée serait fort louable aux yeux d'un grand nombre. Aussi ne nous permettrons-nous pas de discuter une question si délicate et si controversée.

Qu'il nous soit permis, toutefois, d'évoquer un souvenir remontant aux débuts de notre vie d'étudiant. C'était au mois de novembre 1873 que nous entendions, dans un grand théâtre de la capitale, à la Gaîté, l'une des premières représentations de ce drame célèbre de *Jeanne d'Arc*, sorti de la pensée de Barbier et enrichi de l'inoubliable musique de Gounod. Là, dans la scène du sacre, figurait particulièrement un clergé nombreux, avec toutes les pompes ecclésiastiques susceptibles d'en rehausser la grandeur. Or, nous ne saurions oublier que, des tribunes populaires, aucun cri irréligieux ou malsonnant n'eût été capable de dominer les hourras frénétiques qui éclataient dans la salle, tant le prestige de la sainte Pucelle était déjà profondément ancré dans les masses !

Il y a plus ! La mise en scène des personnages religieux et des êtres célestes eux-mêmes ne se trouve-t-elle pas quelque peu autorisée par l'usage constamment respectueux qui en a été fait dans bien des milieux ? Le seul nom des *Confrères de la Passion* est plus éloquent

que tout ce que l'on pourrait dire sur ce sujet. Et puis,
les traditions médiévales du drame sacré triomphaient,
il y a quatre ans encore, dans les applaudissements en-
tendus au Passionsspiel d'Oberammergau.

Et si nous remontons au lendemain même du martyre de la Pucelle, nous trouvons dans la bonne ville
d'Orléans une population enthousiasmée par le jeu de
ce *Mistère*, qui fait paraître et discourir, au fond du
ciel azuré, Dieu lui-même, Notre-Dame, saint Michel,
les saints patrons de la cité, Euverte et Aignan. Réveillé
de son extase et mis en présence d'épisodes terrestres,
le naïf spectateur de ce temps-là n'avait garde de se
scandaliser en voyant défiler devant lui l'archevêque de
Reims et l'évêque d'Orléans, le prêtre de Sainte-Cathe-
rine-de-Fierbois ou celui du bien-aimé sanctuaire de
Cléry. Dans l'interprétation de l'affaire de Poitiers, l'inquisiteur de la Foi venait aussi tenir son rang.

M. Eude a ingénieusement simplifié tout cela, en faisant entendre les voix des êtres célestes, sans rendre
visibles leurs personnes. Il n'est fait d'exception que
pour saint Michel. Aux prêtres de Fierbois et de Cléry
se sont substitués de simples sacristains de robe courte.
Les prélats de Reims et d'Orléans sont tout à fait mis à
l'écart. Décidément le sentiment de prudence et de dé-
licatesse auquel nous avons fait allusion, semble avoir
dicté ces modifications profondes.

V

LA SCÈNE DE POITIERS DÉFIGURÉE SUR LE THÉATRE
DÈS LE XV° SIÈCLE

Tradition théâtrale du XV° siècle, suivie par M. Eude, en ce qui concerne le rôle du Parlement de Poitiers. — Inconvénients de cette tradition qui a pu favoriser par la suite la déformation insensible du type primordialement sacré de la Pucelle. — Persistance actuelle de cette fausse tradition populaire à Orléans et à Poitiers.

Il ne faudrait pourtant pas être injuste envers ce charmeur qui a doté d'un *Nouveau mystère du siège* notre chère littérature johannique. Pour ce qui est de la scène de Poitiers, M. Eude n'a fait en somme que suivre une tradition de théâtre remontant au XVe siècle. Quand il nous a montré des gens du roi et non point des hommes d'église, il n'a en rien innové. Au contraire, il a copié son modèle, tout en y apportant quelques modifications. Par exemple, il réduit à une seule tête le groupe des quatre présidents ; ou bien il introduit, à côté des conseillers, certains docteurs qui pourraient bien être gradués *in utroque jure*, mais dont l'action théologique ne se manifeste pas cependant d'une façon bien certaine. M. Eude a fait mieux quand il s'est efforcé de rétablir l'histoire par la reproduction des plus beaux *dits de Jeanne* au cours de cette enquête.

Il n'en est pas moins vrai que le fond de la scène lui-même contient une note fâcheuse. Oui, cette tradition de théâtre, qui met le Parlement en si grand honneur, peut bien dater des premières solennités commémoratives de la délivrance, mais elle a tout lieu de nous occasionner un vif désappointement. N'est-il pas pénible de penser que l'histoire si céleste et si surnaturelle de Jeanne, cette histoire tout imprégnée du contact et de la puissance du monde religieux, avait subi, dès le lendemain du martyre de Rouen, une regrettable diminution dans la croyance populaire?

Les premiers auteurs dramatiques, qui se sont occupés de la Pucelle, ont-ils donc oublié qu'il n'y a rien de beau que le vrai? On le croirait quand on les voit sacrifier si facilement l'action exclusive de l'Église dans un épisode de cette vie, qui, d'un bout à l'autre, avait laissé à l'Église le rôle prépondérant. Sans en être conscients, n'ont-ils pas fait le premier pas dans cette voie funeste qui a transformé insensiblement le caractère de Jeanne d'Arc? Le coloris classique et mythologique, employé par les trois siècles suivants, n'avait pas encore été mis en œuvre que déjà se préparait une métamorphose complète dans le type de l'héroïne.

Aujourd'hui la réaction est heureusement survenue. Avant même que Léon XIII n'ait placé Jeanne au nombre des vénérables servantes de Dieu, l'opinion publique, dirigée à la fois par l'épiscopat français et par les travaux de l'érudition moderne, avait rendu leur aspect normal à toutes les grandes lignes de la carrière de la voyante, elle avait relevé le prestige nettement chrétien de l'héroïne approuvée par l'Église.

Néanmoins, la vérité tout entière n'a pas encore pénétré dans les masses, et le sens intime de bien des points de vue spéciaux dans l'existence de Jeanne d'Arc est encore lettre close pour beaucoup d'esprits, même parmi les personnes qui ont entrevu ou parcouru les plus beaux travaux de vulgarisation publiés sur ce sujet. Demandez plutôt à dix Orléanais, étrangers à la pratique un peu assidue de l'histoire, demandez-leur devant quelle sorte de tribunal la Pucelle comparut à Poitiers. Vous risquez bien d'en entendre plus de la moitié répondre : le Parlement ! les gens du roi ! Charles VII n'avait-il point à son service une cour souveraine ? Et c'est justement parce que cette cour souveraine était fixée à Poitiers, c'est bel et bien pour ce motif, que Jeanne fut envoyée là et non ailleurs. Ainsi opine-t-on généralement.

Inutile de le faire remarquer ! ce dire ne s'appuiera point sur l'audition toute récente de l'œuvre de M. Eude, encore moins sur la lecture des 20,529 vers du *Mistère* primitif. Non, il sera tout simplement l'écho de cette vieille tradition populaire, qui, à Poitiers aussi, montre la vierge de Domremy en présence de ses juges dans le palais des comtes du Poitou, parce que ce palais était devenu le fastueux auditoire du Parlement royal, peut-être bien encore en raison de ce que Jeanne recevait là-bas l'hospitalité d'un membre de la haute cour. Il est si facile d'oublier qu'à Poitiers la royauté fugitive avait centralisé bien d'autres services que sa première magistrature ! Comme si, à côté de cette illustre compagnie, ne s'était point reconstitué un corps universitaire dans lequel la Sorbonne comptait de doctes représentants !

Il n'y a donc point là de supposition gratuite et téméraire à émettre, mais un fait constant à relever. L'auteur du vieux *Mistère du siège* et ses collaborateurs subséquents ont contribué de bonne heure, et dans de larges proportions, à répandre une erreur historique. Ils n'avaient sous les yeux aucune de ces pièces de procédure, soit de condamnation, soit de réhabilitation, si remplies d'allusions au jugement ecclésiastique de Poitiers. Sans doute, ils s'inspirèrent de données historiques généralement très exactes. Peut-être même les souvenirs personnels des contemporains de Jeanne ne leur manquèrent-ils pas. On en demeurera tout à fait convaincu si l'on s'en rapporte à l'opinion de leurs savants éditeurs, MM. Guessard et de Certain, qui fixent à 1435 et 1439 les premières représentations dans Orléans du *Mistère du siège* (1).

Mais nos vieux dramaturges ne subirent-ils pas du même coup, en ce qui concerne le fait de Poitiers, l'influence d'un faux courant dont on retrouverait la trace dans les écrits de tel contemporain, aussi bien renseigné dans le fond que peu attentif sur l'emploi d'une expression impropre ? C'est ce qu'il y a lieu d'examiner maintenant de très près.

(1) *Le mistère du siège d'Orléans*, introduction.

VI

LA LETTRE DE PERCEVAL DE BOULAINVILLIERS ET SON INFLUENCE

Source première de la fausse tradition, imputable à la lettre de
Perceval de Boulainvilliers. — Un des passages de ce document
visant le Parlement de Poitiers. — Vogue de la lettre de Boulainvilliers
en Italie. — Antoine Astesan et {autres poètes la traduisent et la
commentent. — Sa notoriété s'étend jusqu'au fond de l'Allemagne. —
Elle pénètre sans doute dans l'Orléanais par le fait de Boulainvilliers
lui-même et des gens dévoués à la cause du duc d'Orléans. — Les
poètes orléanais s'en emparent. — Passage du *Mistère du siège*
donnant au Parlement toute la direction des interrogatoires de
Poitiers. — L'erreur traditionnelle pénètre jusque dans les documents historiques de l'Orléanais du XV° siècle.

Le 21 juin 1429, Perceval de Boulainvilliers, personnage très important à la cour, comme l'indiquent ses
titres de conseiller-chambellan du roi et sénéchal de
Berry, écrivait au duc de Milan, Philippe-Marie Visconti,
une célèbre lettre dans laquelle il rendait compte des
merveilles déjà accomplies par la Pucelle jusque sous
les murs de Reims. Or, cette pièce rapporte, à la vérité, que Jeanne arrivant à Chinon fut soigneusement
examinée dans sa foi. et dans ses mœurs par les plus
savants archevêque, évêques et abbés. Mais le lecteur
y trouve aussi cette phrase bien propre à faire naître
dans son esprit une certaine confusion d'idées :
« *Demum rex eam ad suum parlamentum ducit, ut
strictius et vigilantius adhuc quæstionaretur* (1). »

(1) Quicherat, V, 118-119.

Voilà bien le mot malheureux écrit en toutes lettres. Boulainvilliers avance que la Pucelle fut emmenée par le roi devant son Parlement, pour être soumise à une enquête encore plus stricte et plus consciencieuse que les précédentes. L'épître ajoutera ensuite ces termes rectificatifs : « *Et in his omnibus, reperta est fidelis catholica, bene sentiens in fide, sacramentis et institutis Ecclesiæ* (1). » Pareil certificat d'orthodoxie eût-il pu être délivré par la magistrature royale? Nous avons déjà répondu par la négative. Mais dans la lettre de Boulainvilliers, le nom du Parlement royal n'en reste pas moins un objectif trop important, pour que tous les détails juxtaposés ne soient complétement éclipsés par lui, aux yeux d'un lecteur peu attentif.

Telle pourrait être la source première d'une erreur historique qui, depuis lors, fit son chemin. Et qu'on ne se récrie pas trop devant cette hypothèse qui a pour elles maintes allures de vraisemblance ! La lettre de Boulainvilliers ne fut pas lue par le seul duc de Milan. Pour ce qui est de l'Italie, l'entourage du prince destinataire en eut tout de suite connaissance. Les renseignements qu'elle contenait, intéressaient au plus haut point et la personne et le domaine du malheureux prisonnier des Anglais, de ce Charles duc d'Orléans, seigneur de droit, sinon de fait, de la ville d'Ast en Piémont, et qui était neveu, par sa mère, de Philippe-Marie Visconti. Le curieux texte se répandit donc si rapidement dans la Lombardie, qu'un modeste écolier

_____

(1) Quicherat, V, 118-119.

de l'Université de Pavie, Antoine Astesan pouvait, dès l'année suivante, en tirer avantage et rimer sous forme d'épître héroïque les exploits de la Pucelle (1).

Un autre versificateur ingénieux, mais qui ne nous a pas laissé son nom, aurait composé vers la même époque, au dire de M. Antoine de Latour (2), un poème en deux chants, inspiré lui aussi de la lettre de Bou-

(1) Quicherat, V, 22-23. Voir aussi Berriat Saint-Prix, *Jeanne d'Arc* et Antoine de Latour, *La vierge guerrière*, *Jeanne de France*, fragment d'un poème d'Antoine Astesan.

MM. Berriat-Saint-Prix et de Latour ne font remonter l'œuvre d'Astesan qu'à l'année 1435 parce qu'elle se termine dans le manuscrit de la bibliothèque de Grenoble par les mots : *Ex urbe Astensi, anno Christi M. CCCC. XXXV.* Mais on peut admettre avec Quicherat que la partie principale de l'épître héroïque, celle qui s'occuppe de Jeanne d'Arc et qui reproduit les renseignements de Boulainvilliers, fut réellement écrite en 1430, peu de temps après le désastre de Compiègne, et avant que le bûcher de Rouen n'eût été allumé. Plus tard, en 1435, Astesan utilisa une occasion de se faire bien voir du duc d'Orléans, en lui dédiant cette pièce si palpitante d'intérêt pour l'histoire de son apanage. En conséquence, il y souda comme conclusion un interminable dithyrambe du prince. Le travail primitif se trouva ainsi allongé d'une seconde partie. Astesan parvint même à intercaler, entre le passage relatif à la délivrance d'Orléans et le récit de la campagne de la Loire, un hors-d'œuvre de seize vers qui s'inspire encore de Boulainvilliers, mais qui est rédigé pour la glorification de Charles d'Orléans beaucoup plus que pour celle de Jeanne d'Arc. A n'en point douter, il y a là une adjonction tardive greffée sur le tronc principal de l'œuvre poétique.

(2) *La vierge guerrière*, p. 15. Ce poème visé par M. de Latour est sans doute la pièce de 622 vers que Quicherat a publiée dans son recueil (V, 24) sous le titre *Anonyme, auteur d'un poème latin sur l'arrivée de la Pucelle et sur la délivrance d'Orléans.* Or, Quicherat juge ce document d'une manière très

lainvilliers, mais avec des amplifications si prétentieuses, qu'en dépit de son élégante latinité, ce travail ferait sourire le lecteur. Il n'y a en effet qu'un professeur émérite de quelque célèbre Université qui ait pu mettre, dans la bouche de Jeanne et de ses contemporains, des discours de style homérique.

Les vers d'Astesan et d'une foule d'autres amis du Parnasse purent avoir leur succès de curiosité. Mais la lettre de Boulainvilliers fut regardée comme ayant une tout autre importance, aussi continua-t-elle de se propager en Italie avec l'autorité d'un document de première main. On ne peut douter que dès 1429 sa notoriété ne se soit étendue plus loin encore. Ainsi vint elle échouer en Autriche, dans cette bibliothèque du grand cloître bénédictin de Melk (1) qui devait plus tard nous la révéler. Traduite en vieil allemand, elle pénétrait jusque sur les rives de la Baltique, puisque des archives secrétes de Kœnigsberg elle sortait encore en 1820 (2).

Dans ces conditions-là, comment douter que la France ne l'ait connue ? Mais l'Orléanais, plus que toute autre province, était appelé à donner de la vogue à cette

différente. Pour lui, il ne serait point étonnant que le poète eût vu la Pucelle Aussi prétendra-t-il trouver dans cette œuvre une production originale et non point le commentaire d'un auteur déjà connu.

(1) Moelk, ou plus exactement Melk (abbatia Mellicensis), est situé sur le Danube et fait partie de l'Autriche inférieure. C'est à tort que Quicherat a transformé en Chartreuse cette maison de saint Benoît. Nous devons ce détail rectificatif à Dom Palémon Bastin, le savant et obligeant bibliothécaire de la Chartreuse de la Valsainte en Suisse.

(2) Quicherat, V, 114.

pièce si intéressante. Les administrateurs de l'apanage riverain de la Loire avaient nécessairement de fréquentes relations avec des agents secrets italiens qui pouvaient fomenter, dans la seigneurie d'Ast, une certaine agitation favorable à la cause du légitime souverain. Boulainvilliers lui-même, avait rempli en Lombardie plusieurs missions pour le recrutement des auxiliaires. En outre, son mariage avec la fille de Perceval de Gournai, gouverneur d'Ast pour le duc Charles, le mettait tout naturellement en relations avec la famille Visconti (1). Tant en deçà qu'au delà des monts, les amis de la maison d'Orléans recueillirent donc et propagèrent avec faveur l'écrit qui promettait, au nom de Jeanne d'Arc, la miraculeuse délivrance du prince : *Dominum ducem Aurelianensem, nepotem vestrum, dixit miraculose liberandum, monitione tamen prius super sua libertate Anglicis detinentibus facta* (2).

Voilà donc la lettre de Boulainvilliers qui circule de main en main aux foyers domestiques de nos pères. Elle y accrédite, au moyen d'une tournure de phrase équivoque, l'idée la plus erronée qu'il soit possible de se faire sur les interrogatoires de la Pucelle à Poitiers. Comme en Italie, surviennent alors des poètes. Poètes orléanais, dit avec unanimité la critique qui reconnaît bien dans le *Mistère du Siège* une production du cru littéraire de notre province. En effet, au milieu de ces vers sans fin, l'influence locale se révèle à chaque page.

(1) Quicherat, V, 115.
(2) Quicherat, V, 121.

C'est à ce point, que l'on y a vu moins une œuvre en l'honneur de la Pucelle, qu'un moyen de célébrer la délivrance de la ville et du duché. Patay est le couronnement de cette délivrance, Patay reste le couronnement du labeur poétique. Si les chefs anglais périssent, c'est pour avoir manqué de foi envers le prisonnier d'Azincourt et pour avoir violé à Cléry le sanctuaire de Notre-Dame (1).

Donc nos vieux dramaturges s'emparent d'une donnée fausse qui a déjà cours traditionnel. Ils la font passer dans la vaste compilation qu'ils destinent à rehausser les pompes de la fête annuelle de la délivrance. Dès lors, le peuple s'habitue à entendre les scènes rimées de Chinon qui ne laissent entrevoir, dans l'entourage du prince, aucune personnalité religieuse s'intéressant à la cause de la Pucelle. Cet entourage se prononce même très catégoriquement sur le genre d'influences qu'il y a lieu de mettre en œuvre, avant de prendre une décision définitive. C'est au Parlement que l'on devra recourir

> Je l'envoyeroie interroger
> A vostre conseil, à Poictiers (2),

(1) *Mistère du siège*, introduction de MM. Guessard et de Certain, p. xxvi. — Tivier, *Étude sur le Mistère du siège*, 45-48. L'époque de la rédaction de cette œuvre est beaucoup plus difficile à établir que son lieu d'origine. Si les éditeurs la placent vaguement entre les dates extrêmes de 1429 et 1470, puis la fixent ensuite avec plus de précision à l'année 1435, M. Tivier s'arrête d'une manière très déterminée à un quantième bien moins ancien, celui de 1456 (Tivier, 20 et 28).

(2) *Mistère du siège*, vers 10125-10126.

dit un conseiller du roi. Il est vrai qu'un de ses collègues observera fort à propos que le Parlement renferme des éléments éminemment pieux :

> Tout le conseil de toute France
> Sont assemblez, jeunes et vieulx
> Et expers en toute science,
> Toute la fleur et excellence
> De pratique et théologie (1).

Il n'en reste pas moins acquis, dans l'esprit des spectateurs, que c'est l'institution royale et non point une cour ecclésiastique qui va procéder à l'enquête. Le personnage qui représente Charles VII, le dit d'ailleurs en termes formels :

> Bien donques y la faut mener
> A Poictiers, bien diligemment,
> . . . .
> . . . .
> Et dire à nostre parlement
> Que a ceste fille entendent
> Pour nous conseiller loyaument (2).

Arrivée au but de son voyage, Jeanne en est encore prévenue :

> Jehanne, nous sommes à Poictiers,
> . . . .
> Parler nous fault es conseilliers
> Du Roy, qui tiennent parlement (3).

(1) *Mistère*, vers 10128-10132.
(2) *Mistère*, vers 10143-10149.
(3) *Mistère*, vers 10175-10178.

La séance a donc eu lieu. Pas un n'a résisté au prestige de la Pucelle.

> Ont parlé à la jouvencelle
> Parlement, docteurs en l'Eglise (1).

Là sont venues *fleur de pratique* et *excellence de théologie* qui nous étaient annoncées tout à l'heure. La première a présenté ses objections, mais sa compagne s'y est faite bien petite, puisque, sauf l'inquisiteur de la Foi, elle n'a produit aucun de ses champions.

Tout cela surprendra encore moins la critique, si celle-ci admet avec M. Tivier, l'auteur d'une *Étude sur le Mistère du Siège*, que cette œuvre dramatique parut en 1456 seulement et non plus dès 1435, date reconnue par MM. Guessard et de Certain. En effet, durant le long intervalle compris entre 1429 et 1456, la lettre de Boulainvilliers n'avait eu que plus de loisir pour mieux accréditer, dans l'opinion publique à Orléans, la fausse interprétation de l'incident de Poitiers.

Plus tard encore, cette tradition populaire passera de la poésie locale dans les chroniques émanant de plumes orléanaises. *Le Journal du Siège*, qui date vraisemblablement (2) de 1467, dira alors : « Quant elle fut audict Poictiers, où estoit pour lors le Parlement du roy, diverses interrogacions lui furent faictes par plusieurs docteurs et autres gens de grant estat (3). »

Enfin Guillaume Cousinot de Montreuil, neveu, sinon

(1) *Mistère*, vers 10447-10448.
(2) Quicherat, IV, 1.
(3) Quicherat, IV, 128.

fils du chancelier du duc d'Orléans (1), s'inspirera des
mêmes sources que le *Journal du Siège* pour écrire sa
Chronique de la Pucelle. Aussi, tout en signalant la
grande séance dans laquelle, deux heures durant, Jeanne
fut interrogée par « plusieurs notables docteurs en théologie et autres bacheliers », cet auteur s'exprimera
encore en termes qui ne rejettent point le Parlement
en un rang désavantageux : « Toutesfois, dit-il, [le roi]
advisa qu'il estoit expédient qu'on l'amenast à Poitiers,
où estoit la Court de parlement, et plusieurs notables
clercs de théologie (2). » Mais où Cousinot ira ensuite
beaucoup plus loin que ses modèles, c'est dans ce passage où nous avons reconnu Jean de Wailly et Jean
Jouvenel faisant si belle contenance quand ils vinrent
questionner la Pucelle.

Toujours au Parlement la première place ou à peu
près ! Quant aux clercs, ils ne sont, pour ainsi dire,
regardés que comme des auxiliaires subalternes. Et
pourtant qu'on cherche dans les autres textes, dans les
documents extra-orléanais, on n'y retrouvera point cette
insistance si particulière à présenter la cour souveraine
du royaume comme cheville ouvrière des interrogatoires
de Poitiers (3). L'accroc fait à la vérité historique a
donc pris une sorte de droit de cité dans le théâtre
et dans les annales de notre province. Il règne en
maître chez nous toujours et si bien que le poëte qui

---

(1) Boucher de Molandon, *Jacques Boucher* dans les *Mémoires
de la Société archéologique de l'Orléanais*, XXII, 386.
(2) Quicherat, IV, 209.
(3) Une exception mérite toutefois d'être relevée. Dès 1440,

nous offrait hier la primeur de son œuvre enchante-
resse, s'est cru autorisé d'avance à ne point rectifier

Martin Le Franc. (Cf. Quicherat, V, 147) écrivait dans son
Champion des Dames :

> Et comme simplette bergière,
> Demanderoit et respondroit, ·
> Et comment enseignes rendroit
> Au roy et *à son parlement.*

Il est vrai que, vu l'ensemble de son existence se rattachant à
la Savoie, aux bords du lac de Genève et à la haute Italie, le poète
Martin Le Franc fut toujours assez rapproché d'Ast et de Milan
pour percevoir les échos de la lettre de Boulainvilliers qui venaient
de ces deux villes.

Quant aux historiens, nombreux sont ceux qui ont adopté la
juxtaposition, dans un même tribunal, de l'élément politique et
du personnel religieux. Au commencement du XVIIIe siècle,
l'abbé de Choisy invoquait narquoisement contre le côté surnaturel de la vie de Jeanne d'Arc *le jugement des théologiens et du
Parlement.* Mais, l'*Histoire de l'Église* du galant écrivain n'est
plus guère connue de nos jours que grâce à un spirituel et mor-
dant jeu de mots qui la comparait à celle de l'abbé Fleury.
« M. de Choisy nous a donné une histoire *fleurie* et M. Fleury
nous a donné une histoire *choisie.* » Qui donc se reporterait
maintenant au t. VIII, p. 221, de cette compilation vieillie ?
Il n'en est pas de même de l'ouvrage de haute valeur qui
décore les tables de nos salons et qui, sous la signature de
M. Wallon, nous fait lire : « Le roi... résolut de mener Jeanne
à Poitiers, où était le Parlement, où siégait le conseil, où se
trouvaient réunis plusieurs des membres de l'Université de
Paris. Il voulait lui faire subir une épreuve plus solennelle... et
donner à la résolution qu'on prendrait la sanction des hommes
les plus autorisés *dans l'Église et dans l'État. — Jeanne d'Arc,*
2e édition illustrée, 55. » Voilà, bien exposée encore une fois, cette
idée d'une sorte de tribunal mixte, idée qui sera au contraire
absolument étrangère à d'autres auteurs modernes. Ceux-ci, avec
plus d'exactitude, écriront donc en compagnie de M. Dareste :

dans le *Nouveau mystère* cette faute de ses devan-
ciers.

VII

URGENCE DE LA RÉINTÉGRATION HISTORIQUE DE L'ÉGLISE
DANS SON ROLE EXCLUSIF A POITIERS

Conséquences de la fausse tradition admise par les deux Mystères du
siège pour la scène de Poitiers. — Jeanne d'Arc moralement diminuée.
— Le clergé en but aux attaques de ses adversaires à propos du bûcher
de Rouen. — Apologie irréfutable basée sur la décision du tribunal
d'Église de Poitiers. — Mission enseignante du théâtre à cet égard.
— La valeur réelle de la sentence de Poitiers mise en lumière par le
R. P. Ayrolles. — Unanimité des docteurs à rendre cette sentence.
— Appréhensions de Pierre Cauchon.

A un autre point de vue, il eût été curieux de re-
chercher si, dans les diverses pièces de théâtre compo-
sées en l'honneur de la Pucelle depuis l'ancien jusqu'au
nouveau mystère du siège, ce système de sécularisation
du tribunal de Poitiers a laissé des traces notables. Mais
un tel travail entraînerait dans une voie assez ingrate à
suivre. Qu'il suffise d'examiner maintenant, à travers ses
conséquences immédiates, la tradition admise par
M. Eude.

Cette tradition est-elle indifférente à tous égards, ou
bien risque-t-elle d'entraîner à sa suite de fâcheuses
conséquences ? Il nous semble que les croyants du
XIXe siècle ne peuvent voir d'un œil insouciant ce qui

« On fit interroger Jeanne par les gens d'Eglise et les docteurs
de l'Université de Paris qui se trouvaient à Poitiers. — *Histoire
de France,* 2e édition, III, 90. »

n'avait point choqué nos pieux ancêtres du XV° siècle. Nous sommes en présence d'un paradoxe historique, gros de tendances dangereuses. Il faudrait donc le combattre ouvertement et non point le favoriser. Or le théâtre est un puissant levier à employer pour l'instruction des masses et même des classes intelligentes. Contribuez-vous au moyen des productions dramatiques à fausser une vérité importante, vous allez contre la mission utile et moralisatrice du théâtre.

Eh bien ! le point qui nous occupe ici, a une portée immense à l'époque que nous traversons. La Jeanne d'Arc dépendante de l'Église doit être exaltée par tous les moyens justes et profitables à sa cause. Surtout il ne la faut diminuer en rien. Avec M. Marius Sepet, l'un de ses meilleurs historiens, disons donc : « Tout sacrifice, si mince qu'il soit, de la vérité, amène une déchéance, quand il s'agit de Jeanne d'Arc, et il ne saurait y avoir si admirable drame, si magnifique poésie composée en son honneur, que la réalité ne pût murmurer tout bas à l'oreille de l'auditeur ou du lecteur : je suis plus admirable et plus magnifique encore (1) ».

A chaque instant ne nous objecte-t-on pas que la Pucelle a été brûlée par les prêtres ? Il y a huit jours encore, une sacrilège parodie (2) dont l'écho retentit à nos oreilles attristées, ne se serait-elle point accomplie

(1) Marius Sepet, *Jeanne d'Arc dans les lettres*, ch. IV des *Eclaircissements* dans la *Jeanne d'Arc illustrée* de M. Wallon, 2° édition, p. 426.

(2) Démonstration de la Franc-maçonnerie sur la place de Pyramides, le 29 mai 1894.

jusqu'au bout, devant le bronze de Frémiet à Paris, sans la courageuse intervention de la jeunesse ? La réponse aux invectives grossières de la Franc-maçonnerie est toute prête, il est vrai. On réplique que l'Église a flétri les juges de Rouen et proclamé l'innocence de la victime. Preuve est donnée aussi de la double incompétence de l'évêque de Beauvais et de son tribunal. Ah ! tout cela est très bien. Mais l'apologie ainsi présentée nous semble toujours manquer de sa base fondamentale, quand nous nous rappelons l'importance qu'il y a lieu d'attribuer aux interrogatoires de Poitiers, à ces interrogatoires dans lesquels l'Église française, l'Église libre de toutes les menaces d'une armée d'envahisseurs, préjugeait favorablement de la personne et de la mission de l'héroïne.

Ces grands traits de la vérité historique, il faut les rendre accessibles aux intelligences et aux yeux. Il y a là une nécessité que M. Eude a exprimée fort à propos dans un de ses plus beaux chants johanniques :

> Je sais que l'art a son devoir.
> Pour l'instruction populaire,
> Rien n'est meilleur que « faire voir » (1).

Dans tous les épisodes de son existence faisons donc voir Jeanne telle qu'elle est. Et parce que le théâtre présente des ressources supérieures à celles de l'histoire et de la poésie, des moyens d'action aussi énergiques, sinon plus efficaces que ceux mêmes des arts plastiques, c'est un devoir d'user du théâtre comme d'un

(1) *Poèmes Johanniques.* Les deux statues ; XXXV.

instrument de prédication, dussent en souffrir quelques délicatesses éminemment respectables ! Bien plus efficacement que l'écrivain, l'acteur proclamera alors cette approbation donnée à la Pucelle par l'Église de France. De son jeu encore le spectateur tirera cette conclusion nécessaire : les juges de Rouen ne furent que des transfuges de l'Église nationale. En effet Jeanne proclamait elle-même la dissidence de ces Caïphes, quand elle leur répondait : « Pendant trois semaines j'ai été interrogée *par le clergé* tant à Chinon qu'à Poitiers. *Le clergé* de mon parti a été d'opinion que, dans mon fait, il n'y avait rien que de bien... Je voudrais bien que vous eussiez une copie du livre qui est à Poitiers (1) ».

Ah ! la disparition de ce livre de Poitiers constitue une perte lamentable. Mais le fait même de l'examen de Poitiers n'en reste pas moins une réponse irréfutable, un éloquent défi à toutes les accusations déloyales de la libre pensée, en un mot, la vraie réfutation du paradoxe de Jeanne d'Arc martyrisée par l'Église. Car ces juges de Poitiers étaient l'élite du clergé national et de l'Université de Paris restée fidèle à la France. En eux se réunissaient le savoir, la vertu et la dignité. C'est ce que le R. P. Ayrolles a si bien fait ressortir dans la *Pucelle devant l'Église de son temps.*

« Il faut, dit ce vaillant champion de Jeanne d'Arc, il faut faire connaître le tribunal qui lui signa ses lettres de créance. Ces lettres furent en bonne et due forme... Rien ne fut négligé, informations aux lieux d'origine, interro-

(1) Quicherat, I, 75, 73.

gatoires, observations minutieuses de la vie privée, tout
fut mis en œuvre... Charles se trouvait couvert par l'avis
unanime de ce qu'il y avait de plus sage dans son royaume;
et avec les voix du Ciel Jeanne possédait la garantie des
voix les plus vénérables du pays qu'elle allait délivrer (1) ».

Nous ne pouvons que renvoyer aux pages si éloquentes du R. P. Ayrolles et à cette dialectique serrée
qui prouve, avec l'autorité de Jacques Gelu, archevêque
d'Embrun, de l'inquisiteur Jean Bréhal, de Berruyer,
évêque du Mans, la supériorité du tribunal de Poitiers
sur celui de Rouen (2).

L'archevêque de Reims et tous ses assesseurs ecclésiastiques n'avaient trouvé dans la Pucelle que « bien,
humilité, virginité, dévocion, honnesteté, simplesse (3) ».
Ils avaient proclamé « sans aucune contradiction (4) »
que *le roy s'y debvoit fier.* Cette adhésion unanime et
enthousiaste des juges est autrement précieuse à faire
valoir pour le prestige surnaturel de Jeanne, que la
boutade, spirituelle mais toute de fantaisie, imaginée par
M. Eude pour être placée dans la bouche d'un de ses
conseillers obstinément sceptique :

> Eh bien ! pour moi ne me rends point
> Quoiqu'elle ait dit, je doute encore.
> Si nous trompait ?.., car en ce point
> Toute fille est laide pécore ! (5)

(1) R. P. Ayrolles, 5, 12.
(2) R. P. Ayrolles, 493, 516.
(3) Quicherat, III, 392. Résumé des conclusions données par
les docteurs.
(4) Quicherat, IV, 210. Chronique de la Pucelle.
(5) Eude, 94.

Encore une fois, gardons-nous de diminuer la vierge de
Domremy. Mais rallions-nous aux juges qui tous ensemble
avaient rendu ce décret : *Non seulement le roi peut mettre
Jeanne à l'œuvre, mais il le doit sous peine de répugner au
Saint-Esprit et de se rendre indigne de l'aide de Dieu* (1).
Par ce solennel témoignage, Jeanne était d'avance pro-
clamée libre vis-à-vis des empiétements illégaux de l'église
de Beauvais, le premier procès de Rouen était fatale-
ment condamné à n'être qu'une iniquité, la sentence de
réhabilitation se trouvait d'ores et déjà présagée.

Tous ces résultats imminents ou éventuels, Pierre
Cauchon lui-même ne les envisagea pas toujours avec
le calme d'une conscience assurée. Sans doute il allait
exploiter contre la Pucelle la coupable inertie de la
cour de Charles VII et surtout l'odieux silence de ce
Régnault de Chartres qui aurait dû s'interposer éner-
giquement, au double titre de chef de la commission de
Poitiers et de métropolitain de l'évêché de Beauvais.
Néanmoins l'abstention n'était point unanime. Les bons
témoignages po...és sur l'accusée par une fraction
importante du clergé français avaient été rappelés dans
l'entourage de l'évêque prévaricateur. Celui-ci s'en était
irrité d'abord ; mais son irritation n'était point faite
pour atténuer ses trop lourdes appréhensions. Pareil
souvenir importunait tellement Cauchon que, plusieurs
fois, il proposa insidieusement à l'accusée de s'en rapporter au témoignage de l'archevêque de Reims, à la
médiation de quelques clercs de son parti ou enfin à

(1) Quicherat, III, 392.

l'appréciation de l'Église de Poitiers (1). C'était un piège
que Jeanne devina et sut éviter fort à propos, en raison
de la défaveur des circonstances. Les témoins, ou partie
d'entre eux, purent être dupes de l'hypocrisie du juge ;
mais la postérité ne verra jamais là qu'une preuve de
plus de cette lucidité surprenante qui caractérise toutes
les réponses d'une intelligence vraiment inspirée.

VIII

DERNIÈRES RÉFLEXIONS SUR L'ÉGLISE SEULE JUGE DE JEANNE D'ARC AVANT L'ACCOMPLISSEMENT DE SA MISSION PROVIDENTIELLE

La commission ecclésiastique de Chinon. — Jeanne d'Arc employée par
la royauté comme un instrument purement humain. — Le livre de
M. Mahrenholtz. — Évidence des desseins de la Providence dans la
composition exclusivement religieuse du tribunal de Poitiers. —
Enthousiasme des contemporains comme des historiens modernes
. devant le spectacle de Jeanne répondant aux juges de Poitiers.

Nous n'avons rien dit de l'action prépondérante
qu'exerça le clergé à Chinon, même avant les séances
de Poitiers. Il y aurait là aussi des horizons bons à
éclairer, parce qu'ils sont trop communément oubliés.
On en tirerait des objectifs précieux et utiles à opposer
aux attaques courantes des ennemis de l'Église. Raoul
de Gaucourt, Jean Barbin, Simon Charles (2), enfin
Jeanne elle-même devant ses juges (3) déclarent qu'à

(1) Quicherat, *Aperçus nouveaux sur l'histoire de Jeanne
d'Arc*, 113-116.
(2) Quicherat, III, 17, 82, 116. Dépositions des témoins.
(3) *Ibid.*, I, 75.

Chinon une commission ecclésiastique avait préparé le travail des docteurs de Poitiers. Le greffier de la Rochelle rapporte que le roi chargea de l'interrogatoire « ceux de son conseil, tant clers comme lays (1). » Mais le duc d'Alençon entre dans plus de détails, et, tout en avouant qu'il n'énumère pas tous les commissaires, il rappelle que les principaux d'entre eux étaient l'évêque de Poitiers, l'évêque de Montpellier, le confesseur du roi, Gerard Machet, qui fut plus tard évêque de Castres, le confesseur de la reine, Raphaël ou Raphanel Bonnet, qui devait monter sur le siège épiscopal de Senlis, enfin maître Pierre de Versailles et maître Jourdain Morin (2). Tous ces noms de personnages marquants appartiennent, comme on le voit, au monde religieux avant de pouvoir être revendiqués par le conseil intime de Charles VII.

Il serait difficile, en présence de tant de dépositions authentiques, de contester que Jeanne d'Arc n'ait été approuvée par l'Église au début de l'accomplissement de sa mission. Plus malaisée serait encore la soutenance d'une thèse qui voudrait que la royauté, acculée jusque dans ses derniers retranchements, se fût servie de Jeanne tout en ne voyant en elle qu'un instrument purement humain (3). Charles VII aurait-il voulu exploiter la crédulité de populations désespérées et prêtes

---

(1) *Relation inédite sur Jeanne d'Arc*, 21.

(2) Quicherat, III, 92 et R. P. Ayrolles, I, 5-12.

(3) Vallet de Viriville a pourtant déjà émis cette déplorable opinion dans *Procès de condamnation de Jeanne d'Arc*, p. LXV, à propos de Guillaume de Mende dit le petit berger.

à trahir sa cause, en recourant à un moyen de salut machiavélique qui n'offrait que l'apparence du merveilleux et non la réalité du surnaturel? C'est, paraît-il, ce qu'a prétendu prouver M. Richard Mahrenholtz, un Allemand qui rédigea, en 1890, certain libelle sur *Jeanne d'Arc dans l'histoire, la légende, la poésie, d'après une nouvelle investigation* (1).

Si le roi de Bourges eût employé la Pucelle sans ajouter foi à sa mission, il se fût sans aucun doute adressé, pour appuyer ce subterfuge patriotique, à un tribunal complaisant qui aurait bien voulu accréditer le caractère faussement providentiel d'une hallucinée. C'eût été le cas pour ce pauvre souverain de recourir, non point aux gens d'Église, mais à ceux du Parlement, si toutefois cette vieille et intègre magistrature eût pu consentir à s'abaisser et à prostituer son honneur, en rendant non plus des arrêts, mais des services. Quant au clergé, personne n'eût essayé de le rendre complice d'une telle comédie, parce que personne n'eût douté de son impitoyable refus.

Mais non! l'Église seule a instruit et jugé l'affaire.

(1) M. Marius Sepet a pu regarder à bon droit cet ouvrage comme une extravagante élucubration. (Polybiblion, n° de mai 1894. Article intitulé : *Ouvrages récents sur Jeanne d'Arc.*) Nos modernes Orléanais n'apprendront pas sans surprise que leurs ancêtres n'ont jamais été sérieusement menacés. Le seul danger couru par la vieille cité venait de l'égoïsme des ecclésiastiques renfermés dans ses murs et qui étaient pressés de partir pour aller manger et boire tout leur saoûl. M. Mahrenholtz ne le croit certainement pas, mais il cherche à le faire croire. C'est doublement une méchante action.

Aussi devons-nous voir dans cet événement une secrète disposition de la Providence qui voulait s'inscrire préalablement en faux contre les iniquités de l'évêque de Beauvais et de ses séides.

Telle est la raison majeure pour laquelle la scène de Poitiers ne doit point être représentée sur le théâtre comme ayant été le fait d'une juridiction royale. Cette licence d'art dramatique, en effet, porte atteinte à l'intégrité du personnage religieux de la Pucelle et à son prestige d'intermédiaire surnaturel entre le Ciel et la France. Quant au clergé, n'a-t-il pas, tout le premier, un intérêt capital à revendiquer son pieux et grand rôle au début de la sainte épopée de la vierge de Domremy ? Oui, sans doute, puisque son action exclusive à Poitiers le lave de plein droit des injustes accusations qui lui sont prodiguées à l'occasion du bûcher de Rouen.

Et puis, l'issue de cet examen est tellement merveilleuse en elle-même, que difficilement on en détacherait l'idée d'une influence émanant des sphères divines et des milieux célestes dont le prêtre et le religieux sont ici-bas les correspondants les plus autorisés. De là, les sentiments d'enthousiasme qui remplissaient le cœur d'Alain Chartier, ce contemporain à l'exemple duquel nous nous écrierons : « Spectacle sans contredit des plus magnifiques que cette discussion soutenue par une femme contre des hommes, par une ignorante contre des savants, par une individualité contre le grand nombre, par la faiblesse pénétrant la sublimité (1) ! »

____

(1) « Spectaculum profecto pulcherrimum : fæmina cum viris, indocta cum doctis, sola cum multis, infima de summis dis-

Les grands historiens modernes, tels que MM. Abel Desjardins et de Beaucourt, diront à leur tour avec raison : « Elle sut triompher de toutes les objections... et c'est là peut-être... un fait plus frappant que les prodiges accomplis depuis le siége d'Orléans jusqu'au sacre de Reims (1). »

Bien qu'elles n'aient aucune prétention à la nouveauté et à l'originalité, pareilles assertions méritent-elles d'obtenir cette demi-attention qui s'attache parfois aux vérités bonnes à vulgariser? Elles ne seraient point alors dédaignées à l'égal d'une vaine et inutile causerie. Notre ambition se trouverait par là-même satisfaite. Bien plus, les circonstances atténuantes étant admises, il y aurait une amnistie pleine et entière pour les yeux de ces spectateurs, qui, tout en admirant passionnément l'œuvre de M. Eude, ont pourtant vu trop en rouge un point de son interprétation dans la séance du 6 mai. Au contraire, avons-nous fait fausse route en servant d'écho à des consciences pointilleuses et à des âmes chagrines, il nous restera le regret de n'avoir point suivi ce conseil donné par Malherbe à quiconque s'occupe maladroitement de Jeanne d'Arc :

> Il est meilleur de ne rien dire
> Que ne dire pas ce qu'il faut (2).

putat ! » Lettre adressée à un prince en juillet 1429. Quicherat, V, 133.

(1) Marquis de Beaucourt. *Histoire de Charles VII*, II, 211.

(2) Cf. Wallon, *Jeanne d'Arc*, 2e édition illustrée, 442.

TABLE DES MATIÈRES